W0286089

Regina Kolz

Artischockentechnik für die Weihnachtszeit

ENGLISCH VERLAG

Die Deutsche Bibliothek – CIP-Einheitsaufnahme
Artischockentechnik für die Weihnachtszeit / Regina Kolz. – Wiesbaden: Englisch, 1998
ISBN 3-8241-0845-3

ISBN 3-8241-0845-3

Titelbild: Frank Schuppelius, Fotos: Susanna Héraucourt-Multer, Frank Schuppelius
Herstellung: Michael Feuerer
Printed in Spain

Inhaltsverzeichnis

Vorwort . . . 5

Material und Werkzeug . . . 6

Arbeitstechniken . . . 6
Patchwork auf Styropor . . . 6
Artischockentechnik . . . 7
Spiral-Artischocke („Spiraltechnik“) . . 9
Artischockenkante („Streifentechnik“) . 9
Schuppentechnik . . . 10
Artischockensterne . . . 10

Tür- und Wandschmuck . . . 12
Türkranz . . . 12
Rebenrahmen . . . 13
Rebenglocke . . . 14
Türdekoration „Frohes Fest“ . . . 16
Stern . . . 17
Sternenkugel . . . 18

Fensterdekorationen . . . 20
Kugel „Weihnachtsmann“ . . . 20
Facettenkugel . . . 21
Kugel „Winterlandschaft“ . . . 22
Goldener Würfel . . . 23

Weihnachtsglocken . . . 24
Glocke „Tannenzweige“ . . . 24
Spiralglocke in Rosé-Weiß . . . 25
Glocke in Weinrot-Lachs . . . 26

Christbaumschmuck . . . 27
Zapfen mit Artischockenkante . . . 27
Artischockensterne . . . 28
Großer Artischockenstern . . . 28

Raumdekorationen . . . 29
Kerzenhalter in Blau-Gold . . . 29
Festlicher Kerzenhalter . . . 30
Dekoration aus Ringen . . . 31
Schneemänner . . . 32

Vorwort

Zu festlichen Anlässen wie z. B. Weihnachten möchte man seine Wohnung schmücken, wobei häufig die älteren Dekorationen wieder hervorgeholt werden. Dabei geht es Ihnen sicher auch manchmal so wie mir, dass man die alten Sachen nicht mehr sehen kann. Warum fertigen Sie nicht zur Freude der Familie und Ihrer Gäste neue Dekorationen an, die Ihnen natürlich auch eine Selbstbestätigung der eigenen Kreativität geben werden.

In diesem Buch erhalten Sie einige Anregungen für Bastelarbeiten in der Vorweihnachtszeit, die zum Nacharbeiten oder als Inspiration für eigene Gestaltungen dienen sollen.

Die Artischockentechnik ist eine beliebte Basteltechnik, die sicher noch lange Zeit aktuell sein wird, denn es gibt immer wieder neue Ideen und Anregungen. Bei der Kombination der Artischockentechnik mit der Technik „Patchwork auf Styropor“ entdeckt man beim Experimentieren immer wieder neue Variationen.

Ich möchte insbesondere auf die „Schuppentechnik“ und auf die Artischockensterne hinweisen, die die Artischockentechnik sicher bereichern werden.

Und nun wünsche ich Ihnen viel Spaß beim Nacharbeiten der weihnachtlichen Dekorationen.

Regina Kolz

Material und Werkzeug

Für die in diesem Buch dargestellten Techniken werden die nachfolgenden Werkzeuge und Hilfsmittel benötigt:

- Cutter oder Skalpell
- Schere
- kleine spitze Schere
- Nagelfeile oder stumpfes Messer
- Phantomstift oder Kugelschreiber
- Klebepistole (Niedertemperatur)
- Styroporschneider (oder ein scharfes Messer)
- Ahle (oder dicke Stopfnadel)

Die wichtigsten Materialien sind:

- Styroporformen wie Kugeln, Zapfen, Glocken, Halbringe, Kerzenhalter, Ringe, Sterne usw.
- Patchworkstoffe (Baumwolle), Jerseystoffe
- Schleifenbänder, vorzugsweise Taftbänder
- Ziehschleifen
- Borten
- Stecknadeln in den Längen 10, 13, 16 oder 18 mm
- Perlkappen
- Pailletten
- Perlenkette
- Seidenblüten, Tannenzweige

Den genauen Materialbedarf finden Sie bei den einzelnen Motiven aufgeführt.

Arbeitstechniken

Patchwork auf Styropor

Bei der Patchworktechnik gehen Sie schrittweise vor:

1. Übertragen Sie das Motiv auf die Styroporform. Dafür eignen sich entweder Phantomstifte, da die Linien nach kurzer Zeit wieder verblassen, oder ein Kugelschreiber bzw. ein weicher Bleistift für Stoffe und Bänder, die nicht so hell sind, dass die Markierungen durchscheinen.

2. Mit einem scharfen Messer (Cutter oder Skalpell) werden die vorgezeichneten Motive auf dem Styropor eingeschnitten. Dabei sollte das Messer leicht schräg in Schnittrichtung gehalten werden und mit etwas Druck hin- und herbewegt werden. Mit dieser Sägebewegung sind etwa 0,5 bis 1 cm tiefe Schnitte sauber und gerade herzustellen. Wenn Sie dabei jedoch zu schnell und hastig vorgehen, entstehen ungewollte Kerben und Risse im Styropor.

3. Anschließend wird der Stoff mit dem gewünschten Muster auf das Styropor gelegt und etwa 0,5 cm tief mit einer Nagelfeile in den eingeschnittenen Schlitz gedrückt. Zur Vermeidung von Faltenbildungen ist der Stoff möglichst schräg zum Fadenlauf auf das Styropor zu legen. Man sollte keine Stoffstücke in der vorgezeichneten Form vorschneiden, da die Dehnbarkeit der Stoffe und Wölbungen auf dem Styropor schwer zu berücksichtigen sind.

4. Nun wird der Stoff mit einer kleinen Schere entlang des Schlitzes abgeschnitten. Dadurch verbleibt ein kleiner Rand als Nahtzugabe, der für den letzten Arbeitsschritt erforderlich ist.

5. Zuletzt wird der restliche Stoff mit der Nagelfeile in den Schlitz hineingedrückt. Falls nachgearbeitet werden muss, um Falten zu beseitigen, sollte dies mit einer Ahle oder einer dicken Stopfnadel versucht werden.

Tipps

✦ Bereits bei der Auswahl der Styropor-Rohlinge sollten Sie auf die Qualität achten. Bei großporiger Struktur besteht die Gefahr, dass das Styropor einreißen kann.

✦ Besonders gut geeignet sind Jersey-Stoffe und -bänder, da aufgrund der Elastizität des Materials Faltenbildung vermieden werden kann.

✦ Bei größeren und gewölbten Körpern können Sie die Faltenbildung verhindern, indem Sie zusätzliche Unterteilungen des Motivs vornehmen.

✦ Wenn beim Beziehen mit dem Stoff das Material stark rutscht, können Sie es mit einem Klebestift leicht ankleben.

Artischockentechnik

Für die Artischockentechnik falten Sie aus Schleifenbändern dreieckige Abschnitte (Schuppen), ordnen sie systematisch auf einem Styroporkörper an und befestigen sie. Die Vielzahl an Möglichkeiten ergibt sich aus den unterschiedlichen Styroporgrundkörpern und Schleifenbändern sowie aus deren Kombinationsmöglichkeiten.

Nachfolgend werden die Grundsätze der Artischockentechnik schrittweise erläutert:

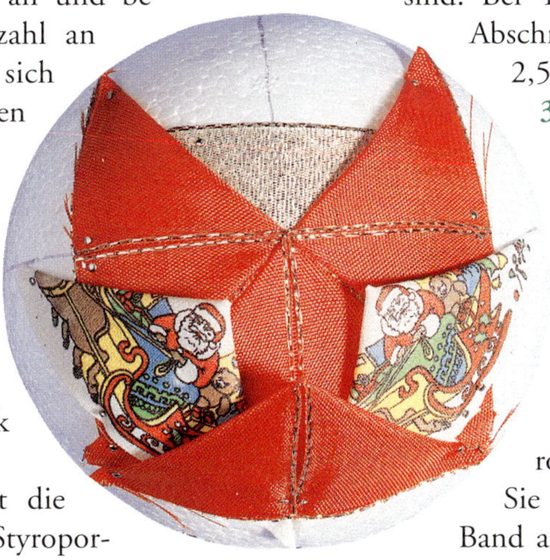

1. Nehmen Sie zuerst die Einteilung auf dem Styroporkörper vor, die sich nach seiner Größe und nach der Breite der benötigten Schleifenbänder richtet. Je größer das Objekt ist, desto mehr Hilfslinien sind erforderlich.

2. Schneiden Sie die benötigten Bänder in Stücke, wobei die Länge der Abschnitte doppelt so lang sein soll, wie die Bänder breit sind. Bei 4 cm Breite werden die Abschnitte also 8 cm lang, bei 2,5 cm sind es 5 cm usw.

3. Falten Sie die Bandabschnitte zu Dreiecken, indem zwei Ecken nach innen gelegt werden. Ein Dreieck entspricht einer Schuppe der Artischocke.

4. Bevor Sie beginnen, die Dreiecke auf das Styropor zu stecken, legen Sie ein quadratisches Stück Band auf den Schnittpunkt der eingezeichneten Linien und fixieren dies mit 4 Stecknadeln.

So ist das Styropor unter den ersten Dreiecken nicht zu sehen.

5. Stecken Sie nun die Dreiecke mit Stecknadeln auf dem Styroporkörper fest, wobei die rechtwinklige Spitze auf der Hilfslinie liegt. Sie können die Dreiecke so feststecken, dass die mittleren Kanten (Webkanten) unten liegen – also unsichtbar sind – oder so, dass die mittleren Kanten oben liegen. Stecken Sie die Dreiecke kreisrund reihenweise fest, wobei die erste Runde aus 4 Dreiecken besteht, deren Spitzen auf die Mitte des Quadrates gerichtet sind. In der zweiten Runde liegen die Spitzen in den Zwischenräumen der ersten Runde (es wird auf Lücke gesteckt); in der dritten Runde sieht es wie in der ersten Runde aus, usw.

6. In dieser Art und Weise können Sie den Styroporkörper vollständig bestecken oder mit anderen Techniken kombinieren.

In diesem Buch sollen einige Kombinationsmöglichkeiten und Variationen dargestellt werden, wobei neben der Spiraltechnik und der Streifentechnik besonders auf das Stecken von Artischockensternen und auf die „Schuppentechnik" hinzuweisen ist.

Tipps

✦ Für das Feststecken der dreieckigen Abschnitte sind die Hilfslinien oder Markierungen zur Einteilung des Styropors das wesentliche Hilfsmittel, um eine ordentlich gesteckte Artischocke zu erhalten.

✦ Die Materialangaben sind nur Richtwerte, häufig muss noch Material nachgekauft werden, weil die Abstände der Runden beim Arbeiten geringer geworden sind oder weil beim Zuschneiden die Abschnitte länger werden können.

✦ Deshalb ist es empfehlenswert, sich eine Schablone anzufertigen, mit der sich gleichmäßig lange Abschnitte zuschneiden lassen.

✦ Zerschneiden Sie nicht gleich das gesamte Bandmaterial, da entsprechend Ihrer Arbeitsweise (Abstände der Runden) sonst Abschnitte übrig bleiben können. Dieses Material fehlt dann unter Umständen für die Dekoration des fertigen Objektes.

✦ Beim Einkauf der Bänder sollten Sie sich im Fachgeschäft beraten lassen. Manche Bänder sehen zwar sehr gut aus, aber das Feststecken kann unter Umständen zur Quälerei werden. Selbst wenn man versucht, sich mit einem Fingerhut zu helfen, werden Sie feststellen, dass dieses Hilfsmittel nur bedingt tauglich ist. Denn ohne „Fingerspitzengefühl" lässt es sich gerade bei der Artischockentechnik schlecht arbeiten.

Spiral-Artischocke („Spiraltechnik“)

Eine weitere Variation in der Artischockentechnik stellt die Spiral-Artischocke dar, die optisch sehr reizvoll ist. Man sollte bei der Arbeit sehr sauber stecken, weil sonst die Qualität stark darunter leidet. Der Materialbedarf ist erheblich höher als bei der einfachen Artischockentechnik. Sie werden dies am Ende auch am größeren Gewicht der Artischocke merken, was vor allem durch die höhere Anzahl der Stecknadeln zustande kommt.

Die Spiral-Artischocke wird in folgenden Schritten gearbeitet:

1. Teilen Sie den Styroporkörper mit vertikalen Linien ein; sie dienen zur Orientierung, damit die Dreiecke nicht schräg gesteckt werden.
2. Beginnen Sie mit der einfachen Artischockentechnik; die ersten zwei Runden werden wie auf Seite 8 beschrieben gesteckt.
3. Ab der 3. Runde stecken Sie die Dreiecke nicht mehr reihenweise in der Lücke zwischen den Spitzen fest, sondern orientieren sich an der linken oder rechten Kante der vorhergehenden Dreiecke mit der gleichen Farbe.
Die einmal gewählte Seite muss beibehalten werden; bei den in diesem Buch dargestellten Mustern habe ich mich an der rechten Kante orientiert. Entsprechend verlaufen also die Spiralen, von unten gesehen, nach links oben.
4. Beim Stecken der Dreiecke sollen diese immer mit der Spitze senkrecht nach unten zeigen; achten Sie bitte darauf, dass die Rundenabstände nicht zu groß werden.
5. Wenn die Artischocke von unten nach oben fertig gearbeitet wurde, muss der obere Abschluss dekoriert werden.

Tipp

✦ Auf die Einteilung sollte nicht verzichtet werden, da die Linien eine wichtige Orientierung für das gerade Stecken der Dreiecke darstellen.

Artischockenkante („Streifentechnik“)

Eine Variation der Artischockentechnik ist die Artischockenkante; die Dreiecke werden dabei streifenweise wie eine Kante gesteckt. Sie stellen ein schmückendes Element von Flächen dar, weshalb sie besonders gut in der Kombination mit der Patchworktechnik zur Geltung kommen. Auch zur besonderen Betonung von Konturen oder Wölbungen ist die Artischockenkante geeignet.

Sie sollten immer mit den Teilen beginnen, die in der Patchworktechnik gearbeitet werden sollen.

Die Artischockenkante bzw. der Artischockenstreifen wird wie folgt hergestellt:

1. Die Bänder werden zugeschnitten und Dreiecke gemäß der Artischockentechnik gefaltet (siehe Seite 7).
2. Dann werden die Dreiecke so aufgelegt, dass die mittleren Kanten (Webkanten) unten, also unsichtbar sind, oder oben liegen, also sichtbar sind.
3. Nun stecken Sie die Dreiecke mit zwei Stecknadeln in der Mitte fest, sodass sie nicht verrutschen können.
4. Die seitlichen Spitzen der Dreiecke werden in die von der Patchworktechnik vorhandenen Schlitze eingearbeitet, eventuell müssen sie mit einer Schere gekürzt werden.

Schuppentechnik

Bei dieser Variation der Artischockentechnik werden auf einem Styroporkörper zwischen die gesteckten Dreiecke abschnittsweise kleinere Dreiecke schuppenförmig angeordnet.
1. Teilen Sie die Styroporkugel oder einen anderen geeigneten Styroporkörper in gleiche Teile ein.
2. Beginnen Sie wie bei der einfachen Artischockentechnik und stecken Sie mehrere Runden der Dreiecke. Dann können Sie mit der „Schuppentechnik" wie folgt weiterarbeiten.
3. Auf die Dreiecke der letzten Runde werden Dreiecke aus schmalerem Schleifenband so gesteckt, dass bei der Anordnung die Anzahl der Dreiecke zunächst in jeder Reihe zunimmt und dann wieder abnimmt. In dem Arbeitsbeispiel (siehe S. 18) wurde für die Artischocke 4 cm breites Schleifenband und für die Schuppen 2,5 cm breites Schleifenband verwendet. Die Dreiecke werden so dicht gesteckt, dass der optische Eindruck von Schuppen entsteht, weshalb ich dafür die Bezeichnung „Schuppentechnik" verwendet habe.
4. Die nächsten Runden werden dann zwischen den Schuppen aufeinander gesteckt, um die gleiche Höhe zu erreichen. Es wird in der Artischockentechnik weitergearbeitet bis das Objekt am unteren Ende fertiggestellt ist.

Artischockensterne

Eine ganz neue Idee in der Artischockentechnik ist die Anfertigung von Artischocken-Sternen. Die Dreiecke werden so gesteckt, dass sie wie kleine Windrosen aussehen. Diese Technik ist relativ einfach und soll hier kurz erläutert werden.
1. Aus einer kleinen Styroporkugel (z. B. 4 cm Durchmesser) schneiden Sie sich eine etwa 1 cm dicke Scheibe. Mit einem Styroporschneider lassen sich solche Schnitte schnell und sauber ausführen. Die handelsüblichen Medaillons sind auch geeignet, die Sterne werden jedoch wesentlich größer und sind deshalb als Christbaumschmuck nicht geeignet.
2. Der schmale Rand der Scheibe wird mit einer Borte beklebt.

3. In der Mitte der Scheibe zeichnen Sie sich als Hilfsmittel einen kleinen Kreis von etwa 1 cm Durchmesser.

4. Die Bandabschnitte werden wie bei der Artischockentechnik auf Länge zurechtgeschnitten.

5. Für das Falten der Bandabschnitte gibt es zwei Möglichkeiten:

✦ Der Abschnitt wird zunächst zum Quadrat gelegt und dann zum Dreieck gefaltet.

✦ Sie legen das Dreieck wie bei der Artischockentechnik und falten dieses Dreieck nochmals zu einem Dreieck zusammen, das dann halb so groß wird.

Die so gefertigten Dreiecke ordnen Sie in der Mitte des Sterns spiralförmig an, wobei jedes Dreieck in der Mitte und an der verdeckten Seite festgesteckt wird. Die Schnittkanten bleiben dabei unsichtbar und es wird mit möglichst gleichen Abständen kreisherum gearbeitet.

6. Zum Schluss wird das zuerst gesteckte Dreieck in der Mitte kurz gelöst und das letzte Dreieck darunter geschoben. Danach kann es wieder festgesteckt werden.

7. Die sichtbaren Stecknadeln werden anschließend in der Mitte mit Perlkappen oder Pailletten abgedeckt.

8. Arbeiten Sie auf der Rückseite ebenso, wobei die Spitzen mit denen der Vorderseite übereinstimmen sollten.

9. Zuletzt wird ein Aufhängebändchen an der Stelle angebracht, wo die Borte überlappt wird.

Tür- und Wandschmuck

Türkranz

Material

- 1 Styropor-Halbring, 22 cm ∅
- 1 Styroporkugel, 3 cm ∅
- 1 Styroporkugel, 4 cm ∅
- 2 Styroporzapfen, 8 cm lang
- 7,4 m Schleifenband (rosa-metallic), 25 mm breit
- 1 m Schleifenband (weiß-metallic), 25 mm breit
- 5 m Schleifenband (weiß-silber), 40 mm breit
- 1,5 m Ziehschleife (silber), 15 mm breit
- 1,75 m Ziehschleife (rosa-metallic), 15 mm breit
- 0,25 m Perlenkette (rosa), 3 mm
- 0,5 m Perlenkette (silber), 3 mm
- 1,10 m Zackenlitze (rosa)
- Tannengrün
- Stecknadeln, 18 mm lang

Anleitung

Umwickeln Sie zuerst den Styropor-Halbring mit etwa 6 m rosafarbenem Schleifenband. Auf den äußeren Durchmesser werden 9 Dreiecke aus Schleifenband in Weiß und Silber gleichmäßig angeordnet, sodass die Spitzen etwa in der Mitte der Wölbung enden. Vom inneren Durchmesser werden 9 Dreiecke so gesteckt, dass die Spitzen in der Mitte zusammenstoßen.

Der äußere Rand des Halbrings wird in der Artischockentechnik fertiggestellt, d. h. die 2. Runde wird auf Lücke gesteckt und die 3. Runde wird wie die 1. Runde angeordnet. Die Dreiecke werden mit der Webkante nach oben gelegt und die Spitzen werden ebenfalls festgesteckt. Auf dem inneren und dem äußeren Rand wird mit einer Klebepistole die Zackenlitze angeklebt.

Die kleinen Styroporkugeln werden in 4 gleiche Teile geteilt und in der Artischockentechnik (siehe Seite 7 f.) mit Schleifenband in Rosa-Metallic und Weiß-Metallic gearbeitet.

Die Zapfen werden mit Schleifenband in Weiß und Silber so gesteckt, dass die Dreiecke von jeder Seite abwechselnd angeordnet werden.

Die Kugeln und Zapfen werden zum Schluss mit Perlenketten an dem Halbring befestigt und mit Tannengrün und kleinen Schleifen verziert.

Rebenrahmen

Material

- 1 Rebenrahmen rechteckig, 21 x 28 cm
- 1 Styroporkugel, 5 cm ∅
- 2,1 m Schleifenband (rot-gold), 40 mm breit
- 0,5 m Schleifenband (rot), 5 mm breit
- Wachsperlen (gold), 6 mm ∅
- 1 Holzkerze
- Blüten Weihnachtssterne
- Reetstroh
- Messingdraht
- Perlenkette (gold), 3 mm
- Tannengrün, Blätter und Beeren
- Stecknadeln, 18 mm lang

Anleitung

Die Artischockenkugel wird wie die Kugel in dem Motiv „Rebenglocke“ (siehe Seite 14) gearbeitet. Das Reetstroh wird gebündelt und mit Messingdraht zusammengehalten. Den Rebenrahmen umwickeln Sie gemäß der Abbildung mit einer goldfarbenen Perlenkette. Zum Schluss werden die restlichen Dekorationselemente auf dem Rebenrahmen angeordnet und mit der Klebepistole befestigt.

Als Aufhängung wird das schmale Schleifenband oben am Rahmen befestigt.

Rebenglocke

Material für den Stern
- 1 Styroporstern mit 5 Zacken, 15 cm
- 1,6 m Schleifenband (rot-gold gestreift), 40 mm breit
- 0,8 m Schleifenband (gold), 40 mm breit
- 1 Perlkappe in Gold

Material für die große Kugel
- 1 Styroporkugel, 8 cm ∅
- 2,3 m Schleifenband (rot-gold gestreift), 40 mm breit
- Wachsperlen (gold), 6 mm ∅

Material für die kleinen Kugeln
- 2 Styroporkugeln, 4 cm ∅
- 2,8 m Schleifenband (rot-gold gestreift), 25 mm breit
- 1 m Ziehschleife (gold), 15 mm breit
- 0,5 m Perlenkette (gold), 3 mm

Sonstiges Material
- 1 große Rebenglocke
- 1 Holzkerze
- 0,8 m Schleifenband (rot-gold gestreift), 40 mm breit
- Tannenzweige
- 5 Blüten Weihnachtssterne
- Stecknadeln, 18 mm lang

Anleitung
Zunächst fertigen Sie die Dekorationselemente, die auf der Rebenglocke angeordnet werden sollen.
Für den Stern wird an allen fünf Zacken ein dreieckiger Abschnitt mit der glatten Seite nach oben befestigt. In der zweiten und dritten Runde werden die Dreiecke so gesteckt, dass die mittleren Kanten oben liegen. Beim Falten des Dreiecks ist unbedingt darauf zu achten, dass die Goldstreifen sichtbar sind. Die Spitzen des Dreiecks werden jeweils mit einer Stecknadel befestigt; danach klappen Sie die gefaltete mittlere Kante bis zur Hälfte

zurück und stecken diese fest. Die vierte Runde wird ebenso wie die 2. und 3. Runde gearbeitet, jedoch zwischen die Zacken des Sterns gesteckt.

Auf die Mitte des Sterns wird ein goldener „Artischockenstern“ gesteckt (siehe Seite 10 f.). Die Dreiecke werden zunächst wie bei der Artischocke gefaltet und an der mittleren Kante nochmals zusammengefaltet, sodass das Dreieck nur noch halb so groß ist.

Die so gefertigten Dreiecke ordnen Sie in der Mitte des Sterns spiralförmig an, wobei jedes Dreieck in der Mitte und an der verdeckten Seite festgesteckt wird. Mit einer Perlkappe werden abschließend die sichtbaren Stecknadeln abgedeckt.

Die große Kugel wird in der Artischockentechnik gearbeitet (siehe Seite 7 f.). Dabei müssen wie beim Stern die mittleren Kanten der Dreiecke bis zur Hälfte nach außen geklappt werden.

Die Bandabschnitte für die 1. und 2. Runde werden so gefaltet, dass die Streifen sichtbar sind. Für die 3. und 4. Runde werden die Abschnitte so gefaltet, dass die Streifen nicht zu sehen sind. Bei der 5. und 6. Runde sind die Streifen wieder sichtbar und bei der 7. sind sie nicht sichtbar. Auf die Spitzen der Dreiecke werden nach Fertigstellung der Artischocke goldene Wachsperlen gesteckt.

Die kleinen Kugeln werden in der Artischockentechnik gearbeitet, wobei die gefaltete mittlere Kante immer oben liegt und die Spitze des Dreiecks auch festgesteckt wird. Es wird abwechselnd so gefaltet und gesteckt, dass in einer Runde die Goldstreifen sichtbar sind und in der nächsten nicht sichtbar sind. Der obere Abschluss wird mit einer Ziehschleife gestaltet; zum Aufhängen verwenden Sie die goldene Perlenkette.

Auf der Rebenglocke werden nun die Tannenzweige und die Artischockenarbeiten gemäß der Abbildung mit der Klebepistole befestigt.

Türdekoration „Frohes Fest“

Material

- 2 Rebengitter
- 10 Styropor-Buchstaben
- 1 Styroporglocke, 5 cm hoch
- 1 Styroporkugel, 5 cm Ø
- Weihnachtsstoff (rot-gold), 0,3 x 1 m
- Weihnachtsstoff (gold), 0,3 x 0,4 m
- Weihnachtsstoff (weiß-gold), 0,3 x 0,2 m
- 2 m Spitzenband (weinrot-gold), 20 mm breit
- 1 m Taftband (weinrot), 5 mm breit
- 1 Wachsperle (gold), 8 mm Ø
- 1 Wachsperle (gold), 3 mm Ø
- 1,2 m Perlenkette (gold), 3 mm
- 3 Perlkappen mit Aufhängern
- Weihnachssterne, Holzsterne, Messingdraht, 5 Tannenzweige
- 2 kleine Bündel Reetstroh

Anleitung

Zuerst werden die Buchstaben, die Glocke und die Kugel mittels Patchworktechnik (siehe Seite 6) bezogen.
Bei der Glocke und der Kugel verzieren Sie die Nähte zusätzlich mit einer Perlenkette. Die Glocke und die Kugel werden oben mit einer Perlkappe sowie mit Aufhängern versehen. Die Glocke erhält einen Klöppel aus einer 8 mm und einer 3 mm großen Perle, die mit einer Stecknadel aufgesteckt werden.
Die Grundlage für die Dekoration bilden zwei Rebengitter, die versetzt angeordnet und mit Draht zusammengebunden werden. Die Buchstaben und das Dekorationsmaterial werden auf das Gitter gelegt und mit der Klebepistole festgeklebt.

Stern

Material

- 1 Styroporstern, 5-zackig, 21 cm
- 0,8 Schleifenband (blau-metallic), 40 mm breit
- 2,8 m Schleifenband (blau-gold), 40 mm breit
- 0,8 m Goldborte
- 0,7 m Schleifenband (blau), 5 mm breit
- 10 Tannenzweige
- 3 Dekosterne

Anleitung

Beginnen Sie in der Mitte des Sterns mit fünf Dreiecken, deren Spitzen sich im Mittelpunkt treffen. Die Spitzen aller Dreiecke werden in der Mitte festgesteckt. Die zweite Runde der Dreiecke, wofür ebenfalls das Schleifenband in Blau-Metallic verwendet wird, wird zwischen den Dreiecken der ersten Runde angeordnet.

Ab der dritten Runde verwenden Sie das

Schleifenband in Blau und Gold, wobei nach dem Feststecken der Ecken die gefaltete mittlere Kante bis zur Hälfte zurückgeklappt und festgesteckt wird. In der vierten Runde werden die Dreiecke zwischen denen der dritten Runde angeordnet, jedoch nicht umgeklappt. Von der fünften bis zur achten Runde wird wie in der dritten Runde gesteckt, jedoch werden die Bänder auf den Zacken des Sterns angeordnet. In der neunten Reihe, an den Enden des Sterns, werden die Dreiecke nicht umgeklappt. In den letzten Runden stecken Sie das Material auf der Rückseite fest bzw. schneiden es weg. Die Goldborte kleben Sie um den Stern herum und daran werden anschließend die Tannenzweige befestigt. Abschließend werden das Aufhängebändchen und die Dekosterne angebracht.

Sternenkugel

Material

- 1 Styroporkugel, 10 cm ∅
- 3,6 m Schleifenband (grün-gelb mit Goldkante), 40 mm breit
- 2 m Schleifenband (rot), 40 mm breit
- 4,2 m Schleifenband (rot), 25 mm breit
- 1 m Schleifenband mit Drahtkante (rot), 40 mm breit
- 2 m Schleifenband (rot), 5 mm breit
- 1 m Schleifenband mit Drahtkante (rot), 25 mm breit
- 1 Drahtstern mit Tannenzweigen
- Bouillondraht
- Golddraht
- Krampen
- Stecknadeln, 18 mm lang

Anleitung

Teilen Sie die Styroporkugel in 4 gleiche Teile ein. Die Arbeit wird mit der einfachen Artischockentechnik begonnen (siehe Seite 7 f.), wobei die Dreiecke mit der Webkante obenliegend festgesteckt werden. Für die 1. Runde verwenden Sie rotes Schleifenband, dann folgen in der 2. und 3. Runde grün-gelbes (gelbe Seite oben), in der 4. und 5. Runde ebenfalls grün-gelbes, jedoch wird hier das Band gedreht (grüne Seite oben), und in der 6. Runde rotes Schleifenband.

Nun beginnen Sie mit der Gestaltung der Schuppentechnik. Dazu werden auf die roten Dreiecke der 6. Runde Dreiecke aus 25 mm breitem Schleifenband so dicht gesteckt, dass der optische Eindruck von Schuppen entsteht (siehe Anleitung Seite 10). Es wurden jeweils 21 Dreiecke verwendet.

Die nächsten 2 Runden werden zwischen den Schuppen aufeinander gesteckt, um die gleiche Höhe zu erreichen.

Danach wird in der Artischockentechnik weitergearbeitet, d. h. es werden 2 Runden gelb, 1 Runde rot gesteckt usw.

Die Kugel befestigen Sie mit Krampen auf einem Drahtstern mit Tannenzweigen, der zuvor in der Mitte mit Bouillondraht umspannt wurde. Abschließend dekorieren Sie das Ganze noch mit roten Schleifen (mit Draht- und Goldkante) sowie mit gewickeltem Golddraht.

Fensterdekorationen

Kugel „Weihnachtsmann“

Material

- 1 Styroporkugel, 10 cm ∅
- 3,4 m Schleifenband mit Goldkante (rot), 40 mm breit
- 2,9 m Schleifenband mit Motiv „Weihnachtsmann“, 40 mm breit
- 1 m Schleifenband (rot), 5 mm breit
- 1 m Perlenkette (gold), 3 mm
- 1 m Ziehschleife (gold), 20 mm breit
- 3 Dekokugeln
- Stecknadeln, 18 mm lang

Anleitung

Teilen Sie die Styroporkugel in 6 gleichmäßige Segmente ein und schneiden Sie das Band mit dem Weihnachtsmannmotiv so zurecht, dass der Kopf in der Mitte der Abschnitte sichtbar ist. Arbeiten Sie die Kugel in der Artischockentechnik (siehe Seite 7 f.), wobei Sie mit dem roten Band in der ersten Runde beginnen. Die roten Artischocken-Dreiecke sind so zu stecken, dass die Goldkante oben liegt. Die zweite Runde arbeiten Sie mit Motiv-Band, die dritte mit rotem Schleifenband und die vierte bis sechste Runde wird wieder mit dem Motiv-Band gearbeitet. Die weiteren 4 Runden werden abwechselnd mit dem roten und dem Motiv-Band gearbeitet. Die letzten drei Runden werden in Rot gearbeitet. Die Kugel wird so aufgehängt, dass die Spitzen der Artischocke nach oben zeigen. Den unteren Abschluss der Artischocke stellen Sie her, indem Sie eine Ziehschleife aufstecken und ein kleines Gehänge aus Perlenkette und Dekokugeln anbringen.

Facettenkugel

Material

- 1 Styropor-Facettenkugel, 8 cm ∅
- 1,35 m Schleifenband (lachsfarben mit gold), 25 mm breit
- 1,20 m Schleifenband (weinrot mit gold), 25 mm breit
- 1,05 m Schleifenband (beige mit gold), 25 mm breit
- 1,5 m Ziehschleife (gold), 20 mm breit
- 1 m Schleifenband (weiß), 5 mm breit
- Stecknadeln, 18 mm lang

Anleitung

Die Einteilung für die zu steckende Artischocke ergibt sich durch die Kanten und Flächen der Facettenkugel. Stecken Sie in der 1. Runde drei lachsfarbene Dreiecke (auf jede zweite Kante), in der 2. Runde stecken Sie sechs lachsfarbene Dreiecke (auf jede Kante), in der 3. Runde sechs weinrote Dreiecke auf die Flächen, dann wieder sechs lachsfarbene auf die Kanten usw.

Ab der 10. Runde stecken Sie nur noch beigefarbene Dreiecke.

Die Dreiecke werden so gesteckt, dass die Webkanten oben liegen, wodurch auch der goldene Rand des Bandes zur Wirkung kommt.

Den oberen Abschluss bilden das Aufhängebändchen und eine goldene Ziehschleife.

Kugel „Winterlandschaft“

Material

- 1 Styroporkugel, 12 cm ∅
- 1 Styroporkugel, 4 cm ∅
- 1 Styroporzapfen, 8 cm lang
- 1 Styroporglocke, 5 cm hoch
- 0,4 m Stickband mit Winterlandschaft
- 8,7 m Schleifenband mit Goldkante (rot), 40 mm breit
- 5 m Schleifenband (rot), 5 mm breit
- 1,5 m Ziehschleife (rot-gold), 25 mm breit
- 2,5 m Perlenkette (gold), 3 mm
- 30 x 30 cm Stoff mit Weihnachtsmotiven
- 30 x 30 cm Gitterstoff (gold)
- 3 Perlkappen
- 1 Rosensträußchen
- Stecknadeln, 18 mm lang

Anleitung

Auf der Mitte der großen Styroporkugel wird das Stickband herumgesteckt. Die Kugel teilen Sie in 12 gleichmäßige Teile.

Von der Mitte nach oben bzw. nach unten werden die Dreiecke in der Artischockentechnik (siehe Seite 7 f.) so aufgesteckt, dass der Rand des Stickbandes überdeckt wird. Die Webkanten der Dreiecke liegen oben, wodurch die Goldkante sichtbar ist.

Arbeiten Sie die kleine Kugel, den Zapfen und die Glocke in der Patchworktechnik und verzieren Sie sie anschließend mit einer Perlenkette.

Am unteren Ende der großen Kugel werden nun Ziehschleifen, eine Schleife aus 5 mm breitem Schleifenband sowie ein Arrangement aus Kugel, Zapfen und Glocke angebracht.

Am oberen Ende der Kugel wird das Aufhängeband und eine Dekoration aus Schleifenband, Rosen und Perlenkette angebracht.

Goldener Würfel

Material

- 1 Styroporwürfel, 10 cm
- 2,5 m Gimpenborte (gold), 10 mm breit
- 5,8 m Schleifenband (gold gemustert), 40 mm breit
- 1,5 m Ziehschleife
- Stoff mit 6 kleinen Weihnachtsmotiven
- Stecknadeln, 18 mm lang

Anleitung

Zeichnen Sie zuerst auf den Würfelflächen die Diagonalen ein, in deren Schnittpunkt das Stoffmotiv festgesteckt wird. Die Artischocken-Dreiecke der 1. Runde werden auf die Diagonalen gesteckt, die 2. Runde wird auf Lücke gesteckt und die 3. Runde wird wieder auf den Diagonalen befestigt.

Das überstehende Schleifenband schneiden Sie bündig ab. So werden alle 6 Flächen des Würfels gearbeitet. Die 12 Kanten werden mit goldfarbener Borte abgedeckt.

An einer Ecke bringen Sie eine Ziehschleife an, die gleichzeitig als Aufhängebändchen dient.

Weihnachtsglocken

Glocke „Tannenzweige“

Material

- 1 Styroporglocke, 16 cm hoch
- 8 m Schleifenband (grün-gold), 40 mm breit
- 4,5 m Schleifenband (gold), 40 mm breit
- 0,5 m Stickband (4 Motive)
- 1 m Perlenkette (gold), 3 mm
- 1 m Schleifenband (grün), 5 mm breit
- 1 Styropormedaillon, 8 cm
- Stecknadeln, 18 mm lang

Anleitung

Für diese Arbeit benötigen Sie ein Stickband mit einem von der Größe passenden Motiv, wovon Sie 4 Abschnitte auf den Umfang in der Mitte der Glocke anordnen und mit der Patchworktechnik (siehe Seite 6) anbringen. Die untere Hälfte der Glocke teilen Sie in 8 gleiche Teile ein, worauf Sie dann die Artischocke stecken. Gesteckt wird abwechselnd eine Runde mit grünem und eine Runde mit goldfarbenem Schleifenband. Sie beginnen dabei in der Mitte, wobei die Patchworkkante abgedeckt wird. Arbeiten Sie von oben nach unten, auch um die Wölbung herum, und stecken Sie dabei auch immer die Spitzen der Dreiecke fest. An der Unterseite der Glocke wird das Schleifenband mit Falten nach innen gelegt und festgesteckt. Anschließend wird an der Unterseite der Glocke ein Medaillon befestigt. Das Medaillon wird in 4 Teile eingeteilt und wie eine Artischocke gesteckt. Dazu verwenden Sie das gleiche Schleifenband, das Sie auf dem unteren Teil der Glocke gesteckt haben.

Auf dem oberen Teil der Glocke wird anschließend an das Stickband eine Bandbreite (goldenes Schleifenband) in der Patchworktechnik gearbeitet und nach oben hin werden vier weitere Runden in der Artischockentechnik gesteckt. Den oberen Abschluss bilden selbst gedrehte Rosen, Schleifen und eine goldene Perlenkette. Sichtbare Patchworkkanten können Sie zusätzlich mit goldener Perlenkette bekleben.

Spiralglocke in Rosé-Weiß

Material

- 1 Styroporglocke, 16 cm hoch
- 6 m Schleifenband (rot-metallic), 40 mm breit
- 6,5 m Schleifenband (weiß mit Goldstreifen), 40 mm breit
- 3 m Ziehschleife (rot-metallic), 20 mm breit
- 1 m Schleifenband (weiß), 5 mm breit
- Stecknadeln, 10 mm lang

Anleitung

Stecken Sie zunächst auf den unteren Glockenrand von außen nach innen ein etwa 0,5 m langes weißes Schleifenband (40 mm breit). Dabei müssen einige Falten gelegt werden, da der Innendurchmesser der Glocke geringer ist als der Außendurchmesser. Auf die Wölbung des Glockenrandes legen Sie dann aus dem gleichen Schleifenband ein Faltenröckchen, wie in der Abbildung zu sehen ist, und stecken dieses fest. Nun können Sie mit der Artischockentechnik beginnen (siehe Seite 7 f.). Dazu teilen Sie die Glocke mit senkrechten Linien in 8 gleiche Teile ein. Die Dreiecke werden bei dieser Arbeit so gesteckt, dass die mittleren Kanten (Webkante) oben liegen. Hier werden auch die Spitzen der Dreiecke so festgesteckt, dass man die Nadelköpfe möglichst nicht sieht. Beginnen Sie mit rot-metallic in der untersten Runde, wobei die Dreiecke an das „Faltenröckchen" anschließen sollen. Die 2. Runde wird mit dem weißen Schleifenband mit Goldstreifen gesteckt. Ab der dritten Runde arbeiten Sie in der Spiraltechnik. Dabei orientieren Sie sich an den rechten oder linken Kanten und arbeiten Reihe für Reihe nach oben. Nach dem Anbringen des Aufhängebändchens nehmen Sie die abschließende Dekoration mit einer Ziehschleife vor.

Tipps

- Da bei der Spiraltechnik insbesondere durch die Stecknadeln ein relativ hohes Gewicht der Artischocke zustande kommt, sollten Sie auf eine solide Aufhängung achten.
- Verwenden Sie möglichst Nadeln, die nicht zu lang sind, damit keine Nadelspitzen sichtbar sind.

Glocke in Weinrot-Lachs

Material

- 1 Styroporglocke, 16 cm hoch
- 4,5 m Schleifenband (weinrot mit Goldstreifen) 40 mm breit
- 4,5 m Schleifenband (lachsfarben mit Goldstreifen), 40 mm breit
- 1 m Schleifenband (weinrot), 5 mm breit
- Stecknadeln, 18 mm lang

Anleitung

Auf den Glockenrand stecken Sie ein etwa 0,5 langes weinrotes Schleifenband (40 mm breit), wobei einige Falten nach innen zu legen sind, um den Unterschied des inneren und des äußeren Durchmessers der Glocke auszugleichen. Mit dem lachsfarbenen Schleifenband stecken Sie auf die Wölbung des Glockenrandes ein „Faltenröckchen", wie auf der Abbildung (Seite 25) zu sehen ist. Nun teilen Sie die Glocke in 6 Teile ein. Die Artischocke wird mit den beiden Farben abwechselnd von unten nach oben gesteckt, wobei die Webkante sichtbar ist und die Spitzen der Dreiecke mit einer Nadel festgesteckt werden. Stecken Sie die Nadeln an den Spitzen so, dass sie nicht zu sehen sind. Bei dieser Glocke wurden die Runden relativ weit auseinander gesteckt, damit die Musterung des Bandes zur Geltung kommt. Den oberen Abschluss bilden das Aufhängebändchen sowie selbst gedrehte Rosen und Schleifen aus den Farben der verwendeten Schleifenbändern.

Zapfen mit Artischockenkante

Material für einen Zapfen

- 1 Styroporzapfen, 12 cm lang
- 2,25 m Schleifenband (gold), 25 mm breit
- 30 x 40 cm Weihnachtsstoff
- 1,25 m Perlenkette (gold), 3 mm
- Tannengrün
- 3 Goldblüten
- Stecknadeln, 18 mm lang

Anleitung

Teilen Sie den Styroporzapfen in drei gleichmäßige Segmente ein und zeichnen Sie anschließend die Hilfslinien für die 3 Artischockenkanten, die spiralförmig verlaufen, ein. Beidseitig dieser Hilfslinien werden die Begrenzungen der etwa 1,5 cm breiten Artischockenkanten vorgezeichnet. Die Hilfslinien verwenden Sie später als Mitte beim Stecken der Artischockenkante.

Arbeiten Sie nun weiter entsprechend der Arbeitstechnik „Patchwork" (Seite 6) und „Artischockenkante" (Seite 9). An den Spitzen des Zapfens sollten Sie beim Einschneiden des Styropors vorsichtig arbeiten, damit sie nicht wegbrechen.

Beiderseits der Artischockenkante wird eine goldene Perlenkette aufgeklebt. Zum Aufhängen wird ebenfalls eine Perlenkette verwendet und abschließend wird mit Tannengrün und Blüten dekoriert.

Artischockensterne

Material für einen Stern

- 1 Styroporkugel, 4 cm ∅
- 0,15 m Gimpenborte (gold), 10 mm breit
- 1 m Schleifenband (gold oder silber), 25 mm breit
- 0,5 m Goldschnur
- 2 Perlkappen oder Pailletten
- Stecknadeln, 10 mm lang

Anleitung

Aus der Styroporkugel wird aus der Mitte eine etwa 1 cm dicke Scheibe herausgeschnitten. Der Rand der Scheibe wird mit der Gimpenborte beklebt, in die Mitte der Scheibe zeichnen Sie einen Kreis von etwa 1 cm Durchmesser auf.

Nun werden die Sterne, wie in der Anleitung „Artischockensterne“ (siehe Seite 10 f.) beschrieben, gearbeitet. Anschließend werden die sichtbaren Stecknadeln in der Mitte mit einer Perlkappe oder mit Pailletten abgedeckt. Das Aufhängebändchen bringen Sie möglichst dort an, wo die Borte überlappt wurde.

Großer Artischockenstern

Material

- 1 Styroporkugel, 6 cm ∅
- 0,20 m Gimpenborte (gold), 10 mm breit
- 1,76 m Schleifenband (z. B. gold), 25 mm breit
- 0,3 m Goldschnur
- 2 Perlkappen
- Stecknadeln, 10 mm lang

Anleitung

Schneiden Sie aus der Styroporkugel eine etwa 1 cm dicke Scheibe heraus. Der Umfang der Scheibe wird mit der Borte beklebt. Zeichnen Sie sich als Hilfsmittel im Mittelpunkt einen Kreis von etwa 1 cm Durchmesser auf und arbeiten Sie den Stern wie auf Seite 10 f. beschrieben.

Raumdekorationen

Kerzenhalter in Blau-Gold

Material
- 1 Styropor-Weihnachtskugel
- 1 flacher Kerzenhalter aus Messing
- 2,6 m Schleifenband mit Drahtkante (blau-gold), 40 mm breit
- 2 Tannenzweige
- Stecknadeln, 18 mm lang

Anleitung
Als Grundkörper wird eine Weihnachtskugel verwendet, die in vier gleiche Segmente eingeteilt wird.

Beginnen Sie mit dem Stecken der Bänder am oberen Rand der Kugel. In der ersten und zweiten Runde werden die Dreiecke so angeordnet, dass die Spitzen etwa 2 cm bzw. 1,5 cm über den Rand überstehen.

Es werden sieben Runden in der Artischockentechnik (siehe Seite 7 f.) gearbeitet. Als unteren Abschluss kleben Sie die Tannenzweige um den Rand herum.

Ein Kerzenhalter aus Messing wird mit seinem Dorn in die Artischocke eingesteckt und zuletzt werden die Spitzen der Dreiecke etwas nach außen gebogen.

Festlicher Kerzenhalter

Material

- 1 Styropor-Kerzenhalter
- 1 Kerzenhalter aus Messing
- 2,3 m Schleifenband mit Drahtkante (gold), 40 mm breit
- 2 m Schleifenband mit Drahtkante (silber), 40 mm breit
- 0,65 m Schleifenband (silber), 25 mm breit
- Stecknadeln, 18 mm lang

Anleitung

Der Grundkörper wird in vier gleiche Segmente eingeteilt. Die Artischocke wird von oben beginnend gesteckt, wobei in den ersten 3 Runden beider Farben auch die Spitzen der Dreiecke festgesteckt werden. Bei den folgenden Runden stecken Sie die Spitzen nicht fest, damit die Artischocke voluminöser wirkt und am Boden die Grundfläche etwas vergrößert wird. Dadurch erhält der Kerzenhalter mehr Standfestigkeit.

Auf den oberen Rand stecken Sie einen Artischockenstern, wozu Sie das 25 mm breite Schleifenband verwenden (siehe Anleitung auf Seite 10 f.).

Legen Sie die Dreiecke kreisförmig auf den Rand des Kerzenhalters. Die Dreiecke werden so festgesteckt, dass die Schnittkanten unsichtbar bleiben.

Abschließend stecken Sie in die Mitte einen Kerzenhalter aus Messing, der für den Halt der Kerze einen Dorn hat.

Dekoration aus Ringen

Material

- 2 Styroporringe, 10 cm ∅
- 0,65 m Gimpenborte (gold), 10 mm breit
- 4,5 m Schleifenband (blau-gold gemustert), 40 mm breit
- 1,2 m Goldschnur
- Stecknadeln, 18 mm lang

Anleitung

Zur Fertigung eines Ringes mit einer Artischockenkante (siehe Seite 9) legen und stecken Sie die Dreiecke so auf den Ring, dass die Spitzen am Außendurchmesser liegen. Zum Befestigen des letzten Dreiecks müssen Sie das erste Dreieck kurz lösen, um das letzte darunter schieben zu können.

Mit zwei nebeneinander liegenden Borten, die Sie auf den Innendurchmesser kleben, werden die Stecknadeln und die Ecken der Dreiecke abgedeckt. Mit einem dünnen Goldband werden die Ringe aufgehängt und an einer Schleife befestigt.

Schneemänner

Material

- 2 Styroporkugeln, 6 und 7 cm ∅
- 3 m Schleifenband (weiß), 25 mm breit
- 30 x 30 cm Weihnachtsstoff
- 5 Pompons, 7 mm ∅
- 5 Pompons, 10 mm ∅
- 2 kleine Besen
- 1 Wattekopf „Schneemann", 4 cm ∅
- 1 Wattekopf „Schneemann", 5 cm ∅
- 2 Zylinder, 4 und 5 cm
- 60 cm Chenilledraht in Gold
- 2 Pappscheiben, 8 cm ∅
- Puppenwatte
- 2 Zahnstocher
- Stecknadeln, 18 mm lang

Anleitung

Diese lustigen Schneemänner werden in der Patchworktechnik kombiniert mit der Artischockenkante (siehe Seiten 6 und 9) gearbeitet. Die Schneemänner haben als Grundkörper eine Kugel, die Sie mit Hilfslinien in 4 gleiche Teile einteilen. Die Streifen für die Artischockenkanten haben eine Breite von 1,5 bis 2 cm.

Mit dem Cutter schneiden Sie etwa 1 cm tiefe Schlitze für die Artischockenkanten in das Styropor. Die Körper werden mit einem hellen Baumwollstoff bezogen. Die Artischockenkanten stecken Sie von oben nach unten. Stecken Sie nun in den Körper jedes Schneemanns einen Zahnstocher und darauf den Kopf. Die Kopfbedeckung stellt ein Velourzylinder dar und die Knöpfe sind kleine Pompons. Die Schneemänner kleben Sie auf Pappscheiben und befestigen den kleinen Besen, etwas Watte und einen Schal aus Chenille mit der Klebepistole.